AF242376

CONSTRUCTION

DE LA

CARTE DE LA NOUVELLE-CALÉDONIE

2ᵉ ARRONDISSEMENT — TRIANGULATION

RÉSULTATS DES OPÉRATIONS

EFFECTUÉES

PAR LES OFFICIERS DE LA MISSION TOPOGRAPHIQUE

NOUMÉA

IMPRIMERIE DU GOUVERNEMENT

1884

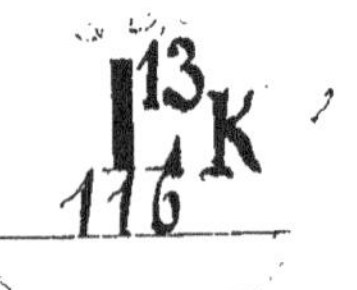
13 K
176

2me ARRONDISSEMENT

TRIANGULATION

RÉSULTATS DES OPÉRATIONS

EFFECTUÉES

PAR LES OFFICIERS DE LA MISSION TOPOGRAPHIQUE

NOUMÉA

IMPRIMERIE DU GOUVERNEMENT

1884

OBSERVATIONS

Ce fascicule contient les résultats de la triangulation ayant servi de base aux levers de détail, qui ont permis de dresser la carte du 2ᵉ arrondissement de l'île.

La triangulation du 2ᵉ arrondissement a été faite par les officiers dont les noms suivent :

> MM. BONNIER, capitaine d'artillerie de marine;
> PLAIN, capitaine d'artillerie de marine;
> POULNOT, capitaine d'infanterie de marine;
> DESTELLE, lieutenant d'infanterie de marine;
> OLIVE, lieutenant d'infanterie de marine;
> OBERDORF, lieutenant d'infanterie de marine,

sous la direction de M. BOUTERON, chef d'escadron d'artillerie de marine et de M. CLUZEL, capitaine d'infanterie de marine.

Les travaux antérieurs de MM. Bouquet de la Grye, Chambeyron, Banaré et Napias ont servi de base à ce travail.

Les valeurs adoptées ont été extraites des tableaux contenus dans les *Instructions nautiques sur la Nouvelle-Calédonie* par M. Banaré.

Les signaux ordinaires sont formés par une perche de plusieurs mètres de longueur enchâssée dans un massif en pierres sèches; ils sont indiqués par la lettre S.

Quelquefois, le point est déterminé par un arbre ou un rocher remarquables; dans ce cas on a eu soin de l'indiquer dans la colonne (signalement des points).

Enfin la lettre B ajoutée à la lettre S, indique qu'une bouteille contenant le nᵒ du point et le nom de l'opérateur a été déposée au pied du signal.

Pour les coordonnées relatives à la méridienne et à la perpendiculaire, le signe + est appliqué aux coordonnées Nord et Est, le signe — aux coordonnées Sud et Ouest.

Nouméa, le 16 juillet 1884.

Le Capitaine, Chef de la Mission topographique,

Signé : CLUZEL.

VERSANT ORIENTAL. — Entre *la N'Goye* et *la Thio*
Par M. Poulnot, Capitaine d'Infanterie de Marine.

POINTS DE DÉPART (Instructions nautiques)

Toupéti
- Latitude......... 21°41'50"
- Longitude...... 164 06 41 20
- Altitude.............. 344ᵐ

Néméni
- Latitude........ 21°39'09"
- Longitude...... 164 00 20 80
- Altitude.........

Humboldt
- Latitude........ 21°53'01"03
- Longitude...... 164 05 55 4
- Altitude............... 1634ᵐ

NUMÉRO ou lettre	NOM ET SIGNALEMENT	LATITUDE	LONGITUDE	ALTITUDE (en mètres)	DISTANCES (en mètres) à la MÉRIDIENNE	à la PERPENDICULAIRE	ORIGINE DES COORDONNÉES rectangulaires
57	.... S......	....	....	344ᵐ00	....	....	*Toupéti*
58	.... S......	....	....	299 15	— 3024 00	— 1889 70	—
59	.... S......	....	....	744 00	— 4451 60	— 5425 00	—
61	.... S......	....	....	982 64	— 8449 10	— 8380 00	—
62	.... S......	....	....	....	— 9074 06	— 7100 00	—
63	.... S......	....	....	951 00	— 11613 06	— 6772 00	—
64	Arbre le plus élevé................	....	....	1328 50	— 11073 50	— 17030 09	—
65	Id.	....	....	1252 00	— 16693 00	— 8010 00	—
66	.... S......	....	....	1137 00	— 19241 00	— 7244 00	—
67	.... S......	....	....	603 40	— 9794 00	— 1416 90	—
68	.... S......	....	....	122 06	— 10908 00	+ 4928 00	—
69	.... S......	....	....	....	— 12352 70	+ 1504 90	—
70	.... S......	....	....	840 03	— 13030 00	+ 1034 00	—
71	.... S......	....	....	974 10	— 16398 20	+ 4048 50	—
72	.... S......	....	....	640 05	— 19508 70	+ 7142 10	—
73	.... S......	....	....	....	— 20942 00	+ 9494 00	—
74	.... S......	....	....	511 00	— 24108 90	+ 9600 80	—
75	.... S......	....	....	....	— 21280 80	+ 5125 80	—
76	.... S......	....	....	895 26	— 21397 10	+ 4406 50	—
77	Arbre le plus élevé............	....	....	1172 06	— 18749 90	+ 2607 80	—
78	.... S......	....	....	1039 05	— 20538 10	— 254 60	—
79	Arbre le plus élevé............	....	....	1380 12	— 22939 60	— 2985 20	—
80	.... S......	....	....	1329 00	— 25081 20	— 3526 20	—
81	.... S......	....	....	1182 26	— 26663 70	— 1651 80	—
82	.... S......	....	....	685 03	— 26709 07	+ 9312 40	—
83	.... S......	....	....	129 00	— 28602 07	+ 4749 80	—
84	.... S......	....	....	1002 01	— 39299 70	+ 7760 30	—
85	.... S......	....	....	861 04	— 42867 00	+ 6060 00	—
86	.... S......	....	....	805 30	— 43006 00	+ 50 80	—
87	Jalon sur le versant O. de la chaîne....	....	....	1014 00	— 44815 00	— 6920 50	—
88	Jalon fixé sur un arbre..............	....	....	1345 06	— 30595 00	— 5394 00	—
89	.... S......	....	....	1634 00	— 1227 02	— 20583 00	—

DÉSIGNATION DES POINTS		COORDONNÉES GÉOGRAPHIQUES		ALTITUDE (en mètres)	DISTANCES (en mètres)		ORIGINE DES COORDONNÉES rectangulaires
NUMÉRO ou léttre	NOM ET SIGNALEMENT	LATITUDE	LONGITUDE		à la MÉRIDIENNE	à la PERPENDI-CULAIRE	
90	Arbre le plus élevé......................	....	....	....	+ 37841 60	+ 6674 00	*Toupéti*
50	.... S.......	....	....	162ᵐ42	+ 6128 40	— 12090 00	—
51	.... S.......	....	....	510 00	+ 2458 40	— 13798 00	—
53	Arbre le plus élevé......................	....	....	1249 15	— 2639 50	— 15029 00	—
55	.... S.......	....	....	807 15	— 4722 60	— 8847 40	—
56	.... S.......	....	....	367 00	+ 2348 40	— 6493 00	—

TABLEAU N° 2.

VERSANT ORIENTAL. — *Rivière de Thio à Kouaoua*

Par M. Destelle, Lieutenant d'Infanterie de Marine.

POINTS DE DÉPART : Instructions nautiques......................

	LATITUDE	LONGITUDE	ALTITUDE
Toupéti	21° 41' 50"00	164 6 41 20	344 m
Sommet Gouh	21° 33' 03"4	163 48 49 9	
Sommet du Lac	21° 29' 48"03	163 40 57 8	
Ile Nani	21° 29' 28"2	163 45 07 6	

DÉSIGNATION DES POINTS		COORDONNÉES GÉOGRAPHIQUES		ALTITUDE (en mètres)	DISTANCES (en mètres)		ORIGINE DES COORDONNÉES rectangulaires
NUMÉRO ou lettre	NOM ET SIGNALEMENT	LATITUDE	LONGITUDE		à la MÉRIDIENNE	à la PERPENDICULAIRE	
S^{et} Gouh	.... S. B......	....	....	566 m 55	− 30816.00	+ 16153.90	*Toupéti*
211	La Dent............ S. B......	....	....	600 54	+ 1163.97	− 2999.77	*S^t Go h*
226	Sommet Koundi....... S. B......	....	....	377 33	+ 5895.63	− 3558.03	—
B	Boitaméré............ S. B......	....	....	94 19	+ 9799.12	− 6688.02	—
219	Rochers............ S. B......	....	....	669 49	+ 4033.13	− 6851.63	—
228	Id. .... S. B·......	....	....	496 78	+ 6625.16	− 6571.69	—
210	.... S. B......	....	....	576 50	− 1644.01	− 40.14	—
221	.... S. B......	....	....	552 10	− 3628.23	− 2672.72	—
225	.... S. B......	....	....	651 34	− 1981.53	− 5772.62	—
227	.... S. B......	....	....	456 50	− 2117.90	− 2814.80	—
203	Blocs de fer noir........ S. B......	....	....	445 31	− 2969.58	+ 1706.85	—
205	.... S. B......	....	....	298 65	− 6550.23	− 27.33	—
206	.... S. B......	....	....	628 95	− 6425.33	− 3533.86	—
Iora	Sommet pointu et boisé........,......	....	....	1032 79	− 7104.26	− 9444.87	—
Nakada	Signal au milieu du plateau............	....	....	1137 49	− 8554.84	− 8355.42	—
200	.... S. B......	....	....	559 29	− 9742.63	+ 4357.03	—
207	.... S. B......	....	....	438 43	− 10893.81	− 3018.64	—
208	.... S. B......	....	....	368 27	− 8537.10	− 1798.08	—
212	.... S. B......	....	....	163 02	− 8409.66	+ 971.67	—
215	.... S. B......	....	....	179 86	− 13760.39	+ 1386.38	—
Nani	.... S. B......	....	....	194 52	− 6398.08	+ 6619.03	—
S^{et} du Lac	.... S. B......	....	....	590 00	− 13585.00	+ 6005.04	—
201	.... S. B......	....	....	356 16	+ 247.39	+ 3103.06	*St du Lac*
S^{et} Dumoulin	Ce point est très voisin de celui des cartes marines......... S. B......	....	....	293 51	− 4558.80	+ 8182.17	—
Pic des Morts	.... S. B......	....	....	245 00	− 3935.27	− 499.07	—
209	.... S. B......	....	....	558 43	− 802.03	− 8427.90	—
233	.... S. B......	....	....	573 36	− 9658.92	+ 6132.37	—
267	.... S. B......	....	....	376 74	− 8219.00	+ 147.44	—

NUMÉRO ou lettre	NOM ET SIGNALEMENT	COORDONNÉES GÉOGRAPHIQUES		ALTITUDE (en mètres)	DISTANCES (en mètres)		ORIGINE DES COORDONNÉES rectangulaires
		LATITUDE	LONGITUDE		à la MÉRIDIENNE	à la PERPENDICULAIRE	
269	.... S. B......			633 98	— 5942.81	— 6364.49	St du Lac
270	.... S. B......			433 41	— 8529.24	— 4207.77	—
268	.... S. B......			581 44	— 9866.67	+ 20.81	—
276	.... S. B......			562 64	— 1161.93	— 10525.14	—
275	.... S. B......			610 30	— 3822.96	— 10719.30	—
273	.... S. B......			613 00	— 4827.43	— 8288.85	—
279	.... S. B......			883 65	— 6712.28	— 7413.37	—
277	.... S. B......			514 20	+ 1744.91	— 12599.55	—
217	.... S. B......			»	+ 3018.97	— 10150.57	—
Mt Canala	.... S. B......			1036 05	— 7070.86	— 10059.33	—
278	.... S. B......			777 20	— 407.46	— 14938.34	—
271	.... S. B......			745 20	— 12273.53	— 413.04	—
280	.... S. B......			502 58	— 13553.64	— 5388.29	—
262	.... S. B......			560 58	— 15526.98	— 2430.16	—
290	.... S. B......			640 05	— 9249.34	— 7824.89	—
291	.... S. B......			602 74	— 10370.19	— 8110.54	—
295	.... S. B......			531 55	— 13883.67	— 7459.39	—
293	.... S. B......			689 65	— 10073.57	— 9168.21	—
292	.... S. B......			703 18	— 12723.72	— 9772.00	—
294	Perche attachée à l'arbre le plus élevé. Paï-Quéta..............			1030 97	— 10022.53	— 13178.71	—
Pembaï	Signal attaché à un arbre			944 05	— 16854.84	— 10382.49	—
281	.... S. B......			564 75	— 17773.79	— 8411.94	—
282	.... S. B......			540 40	— 19812.98	— 8397.26	—
288	.... S. B......			532 54	— 18229.45	— 2688.86	—
286	.... S. B......			748 71	— 17206.07	— 9436.61	—
283	.... S. B......			540 27	— 20851.57	— 9417.10	—
285	.... S. B......			532 82	— 19420.17	— 11244.54	—
287	.... S. B......			556 48	— 19222.17	— 11437.51	—
289	Perche attachée au sommet d'un arbre...			686 63	— 22853.85	— 12636.66	—
234	Blocs de fer noirs...... S. B......			581 00	— 11381.00	+ 7157.30	—
Mara	.... S. B......			250 60	— 12917.00	+ 14883.00	—
230	.... S. B......			531 32	— 2831.60	— 3942.40	Mara
232	.... S. B......			430 35	— 4190.80	— 8329.90	—
229	.... S. B......			217 38	— 6498.75	— 5756.50	—
239	.... S. B......			601 16	— 9144.30	— 8206.92	—
235	.... S. B......			643 99	— 5471.30	— 12337.90	—
237	.... S. B......			653 33	— 1139.20	— 10995.20	—
236	.... S. B......			692 51	— 2890.30	— 11984.10	—
261	.... S. B......			767 20	— 3953.00	— 13208.10	—
264	Perche amarrée au sommet d'un sapin...			827 43	— 917.20	— 14379.70	—
258	.... S. B......			626 69	— 6434.70	— 16910.75	—
231	.... S. B......			537 20	+ 158.30	— 7719.97	—
256	Au-dessus de la tribu de Méa........			202 18	— 9697.10	— 13973.00	—
257	.... S. B......			546 19	— 6974.30	— 16108.24	—
259	.... S. B......			706 13	— 9100.57	— 19829.60	—
260	.... S. B......			708 00	— 11150.88	— 19326.09	—
Table Ounio	Mé-Oigno.................			1008 00	— 11041.15	— 21551.50	—

NUMÉRO ou lettre	NOM ET SIGNALEMENT	LATITUDE	LONGITUDE	ALTITUDE (en mètres)	à la MÉRIDIENNE	à la PERPENDI-CULAIRE	ORIGINE DES COORDONNÉES rectangulaires
253	....	....	....	522 80	— 13462.30	— 16639.20	*Mara*
254	.... S. B.......	....	....	491 91	— 11156.15	— 16703.00	—
245	.... S. B.......	....	....	612 00	— 16325.40	— 13944.24	—
244	.... S. B.......	....	....	510 80	— 18563.90	— 14445.51	—
252	.... S. B.......	....	....	555 00	— 16053.49	— 17307.74	—
246	.... S. B.......	....	....	568 00	— 18969.36	— 16666.83	—
249	.... S. B.......	....	....	500 00	— 20969.80	— 16624.31	—
251	Sapin..............................	....	....	862 50	— 16753.80	— 9956.64	—
250	.... S. B.......	....	....	917 32	— 19362.05	— 11010.79	—
243	.... S. B.......	....	....	744 80	— 21282.30	— 11322.61	—
242	.... S. B.......	....	....	831 00	— 25100.90	— 17144.81	—
248	Oly (sapin)........................	....	....	989 67	— 23117.30	— 17915.81	—
241	Mé-Mou (sapin)	....	....	1013 29	— 13724.20	— 8533.53	—
240	.... S. B.......	....	....	902 86	— 13042.80	— 9301.90	—

VERSANT OCCIDENTAL. — *Entre la Tontouta et la Ouaméni*
Par M. BONNIER, Lieutenant d'Artillerie de Marine.

POINTS DE DÉPART

Sémaphore.
- LATITUDE .... 22° 16' 12"6
- LONGITUDE 164 07 18 7
- ALTITUDE (pied du mât).. 93ᵐ

Mont Dore
- LATITUDE .... 22° 16' 00"9
- LONGITUDE 164 15 50 8
- ALTITUDE 775ᵐ

DÉSIGNATION DES POINTS		COORDONNÉES GÉOGRAPHIQUES		ALTITUDE (en mètres)	DISTANCES (en mètres)		ORIGINE DES COORDONNÉES rectangulaires
NUMÉRO ou lettre	NOM ET SIGNALEMENT	LATITUDE	LONGITUDE		à la MÉRIDIENNE	à la PERPENDICULAIRE	
Mont Mou	Corne Est, arbre mort..................	22°03'55"0	164°01'31"0	1219	9910ᵐ20	22761 20	*Sémaphore*
Sᵗ Naniouni	Sommet à l'Est de la chaîne du Kouri ..	22 07 53,8	163 59 11,8	362	14018 40	15390 40	—
Sᵗ Karikaté	Séparation du versant boisé du versant dénudé	22 06 02,6	163 52 18,4	243	25746 00	18806 00	—
Sommet Chih	Au-dessus de la tribu de Boumasa......	21 55 06,8	163 51 48,0	1106	26649 00	39042 00	—
Sᵗ St-Vincent	Arbre marqué.....................	21 51 58,0	163 53 54,0	1445	23050 00	44877 00	—
Sᵗ Koungouahou, sud	Grosse roche, sommet Sud.............	21 49 24,3	163 49 57,6	1154	29829 00	49611 00	—
Sᵗ Koungouahou, nord	Id. Id.	21 48 22,3	163 49 17,4	1185	30987 00	51520 00	—
Sommet Coa	Arbre marqué.....................	21 45 00,45	163 48 57,1	1345	31579 00	57752 00	—
Mont Coa Méréné	Pyramide de pierres calcaires..........	21 45 16,4	163 48 21,2	1065	32595 00	57256 00	—
Sommet Ouitchambo	Pyramide de pierres..................	21 49 08,6	163 42 08,7	587	43266 00	50064 00	—
Montagnes Ouaméni	Trouée dominant le poste	21 47 20,2	163 37 08,7	445	51872 00	53383 00	—
Bouloupari	Pyramide en maçonnerie à l'entrée du blockhaus.........................	21 52 23,4	163 43 29,9	23	40925 00	44059 00	—
Kuen-Thio	Girouette de l'Observatoire	21 46 48,9	163 44 44,7	228	38806 00	54389 00	—
Sommet Dô	Grosse roche.....................	21 45 49,1	163 40 42,7	1014	45748 00	56214 00	—

VERSANT OCCIDENTAL. — *La Ouenghi Oya et bassin inférieur de La Foa*
Par M. BONNIER, Capitaine d'Artillerie de Marine.

POINTS DE DÉPART : Triangulation BONNIER. — Tableau N° 3 ....

Bouloupari : Pyramide à côté du poste...	
LATITUDE	21° 52′ 23″4
LONGITUDE	163 43 29 9
ALTITUDE	23ᵐ

Ouitchambo	
LATITUDE	21° 49′ 08″6
LONGITUDE	163 42 08 7
ALTITUDE	587ᵐ

Dô	
LATITUDE	21° 45′ 49″1
LONGITUDE	163 40 42 7
ALTITUDE	1014ᵐ

DÉSIGNATION DES POINTS		COORDONNÉES GÉOGRAPHIQUES		ALTITUDE (en mètres)	DISTANCES (en mètres)		ORIGINE DES COORDONNÉES rectangulaires
NUMÉRO ou lettre	NOM ET SIGNALEMENT	LATITUDE	LONGITUDE		à la MÉRIDIENNE	à la PERPENDICULAIRE	
Dô	.... S.......	21°45′49″1	163°40′42″7	1014ᵐ	......	.....	Sémaphore
Ouitchambo	.... S.......	21 49 08,6	163 42 08,7	587	......	.....	—
251	Mamelon déboisé.......... S......	21 49 32,5	163 45 39,7	538	37219ᵐ	49343ᵐ	—
252	Mamelon dénudé au S. du col de Kuen-Thio	21 47 25,5	163 44 36,4	471	39042	53258	—
253	Mamelon dénudé.......... S.......	21 48 17,3	163 46 04,2	624	36521	51665	—
254	Mamelon dénudé au S. de la chaîne de partage des eaux........ S......	21 51 06,7	163 49 23,5	557	35775	46438	—
255	Mamelon dénudé.......... S.......	21 48 28,8	163 35 32,8	372	54614	51259	—
256	Pic dénudé au N. de Ouaméni.... S..	21 46 48,4	163 37 57,8	301	50468	-54372	—
257	Pic déboisé.......... S......	21 46 31,2	163 35 26,9	398	54795	54886	—
258	Pic dénudé .... S.......	21 47 00,1	163 33 30,4	371	58131	53985	—
259	Mamelon dénudé au N. de La Foa. S.	21 42 05,0	163 30 28,7	297	63376	63071	—
260	.... S.......	21 40 42,5	163 26 11,6	319	70760	65586	—
261	Pic dénudé et isolé dans la plaine de La Foa.............. S......	21 43 15,8	163 26 36,6	226	70023	60859	—
262	Borne en maçonnerie, mamelon dénudé dominant le poste de Téremba.. S.	21 44 30,2	163 23 06,9	88	76022	58534	—

TABLEAU N° 3.

VERSANT OCCIDENTAL. — *Bassin supérieur de La Foà*
Par M. OLIVE, Lieutenant d'Infanterie de Marine.

POINTS DE DÉPART : Tableau N° 4 ....

238. Bonnier — Latitude....... 21°47' 00"1 ; Longitude...... 163 33 30 4 ; Altitude........... 371ᵐ

237. Bonnier — Latitude....... 21°46' 31"2 ; Longitude...... 163 35 26 9 ; Altitude........... 398ᵐ

NUMÉRO ou lettre	NOM ET SIGNALEMENT	LATITUDE	LONGITUDE	ALTITUDE (en mètres)	à la MÉRIDIENNE	à la PERPENDI-CULAIRE	ORIGINE DES COORDONNÉES rectangulaires
1	.... S.......	21°44' 44"3	163° 36' 58"0	331ᵐ61	+ 2613ᵐ85	+ 3298ᵐ77	257
2	.... S.......	21 42 52,5	163 34 29,2	575 11	— 1657 26	+ 6479 84	257
3	.... S.......	21 42 00,7	163 40 23,9	763 73	+ 5904 62	+ 5062 56	1
4	.... S.......	21 41 42,8	163 36 17,9	527 41	+ 3119 83	+ 2149 09	2
5	.... S.......	21 45 19,2	163 32 42,7	144 31	— 4705 86	+ 2223 68	257
6	.... S.......	21 41 12,2	163 30 38,5	541 32	— 6615 84	+ 3093 45	2
7	.... S.......	21 38 48,1	163 34 03,3	982 41	— 714 59	+ 7543 00	2
8	.... S.......	21 38 44,3	163 36 34,4	623 23	+ 3592 90	+ 7658 80	2
9	.... S.......	21 40 49,3	163 37 20,1	629 30	+ 1310 42	— 3856 60	8
10	.... S.......	21 38 47,8	163 38 51,6	473 74	+ 3934 78	— 109 76	8
11	.... S.......	21 38 15,7	163 40 45.5	792 84	+ 7204 78	+ 881 15	8
12	.... S.......	21 38 25,9	163 41 06,6	844 08	+ 3874 07	+ 678 67	10
13	.... S.......	21 40 30,7	163 40 36,2	664 23	+ 3000 07	— 3176 48	10
274	.... S.......	21 37 42,9	163 33 09,6	965 61	— 2283 97	+ 9555 40	2
258	.... S.......	....	....	....	— 3338 38	— 891 44	257
256	.... S.......	....	....	....	+ 1712 68	— 3823 94	1
Dó	.... S.......	....	....	....	+ 6433 33	— 1993 28	1

VERSANT OCCIDENTAL. — *Haute Fonwary*

Par M. PLAIN, Capitaine d'Artillerie de Marine.

POINTS DE DÉPART : Triangulation Bonnier. — Tableau N° 4

260 — Latitude 21° 40' 42"5 ; Longitude 163 26 11 6 ; Altitude 319ᵐ

261 — Latitude 21° 43' 15"8 ; Longitude 163 26 16 6 ; Altitude 226ᵐ

Sémaphore — Latitude 22° 16' 12"6 ; Longitude 164 07 18 7 ; Altitude 93ᵐ

DÉSIGNATION DES POINTS		COORDONNÉES GÉOGRAPHIQUES		ALTITUDE (en mètres)	DISTANCES (en mètres)		ORIGINE DES COORDONNÉES rectangulaires
NUMÉRO ou lettre	NOM ET SIGNALEMENT	LATITUDE	LONGITUDE		à la MÉRIDIENNE	à la PERPENDICULAIRE	
Sémaphore	....	22°16' 12"6	164°07' 18"7	93	....	....	*Sémaphore*
260	.... S......	21 40 42 5	163 26 11 6	319	— 70759	+ 65582	—
261	.... S......	21 43 15 8	163 26 16 6	226	— 70023	+ 60859	—
269	.... S......	....	....	182	— 65880	+ 63793	—
270	.... S......	....	....	123	— 69164	+ 62212	—
271	.... S......	....	....	566	— 61800	+ 67150	—
272	.... S......	....	....	551	— 65952	+ 69845	—
273	.... S......	....	....	523	— 63292	+ 70111	—
274	.... S......	....	....	959	— 58795	+ 71181	—
275	.... S......	....	....	846	— 62792	+ 73361	—
276	.... S......	....	....	557	— 65997	+ 71952	—
Pembaï	.... S......	....	....	943	— 62100	+ 74781	—
287	.... S......	....	....	525	— 64663	+ 73916	—
287 *(bis)*	.... S......	....	....	552	— 64465	+ 73724	—
300	.... S......	....	....	430	— 68376	+ 66821	—

VERSANT OCCIDENTAL. — *La Moindou et la Boguen*
Par M. PLAIN, Capitaine d'Artillerie de Marine.

POINTS DE DEPART : Triangulation BONNIER. — Tableau N° 4

260
- LATITUDE .... 21° 40' 42"5
- LONGITUDE 163 26 11 6
- ALTITUDE 319ᵐ

262
- LATITUDE .... 21° 44' 30"2
- LONGITUDE 163 23 06 9
- ALTITUDE 88ᵐ

Sémaphore
- LATITUDE .... 22° 16' 12"6
- LONGITUDE 164 07 18 7
- ALTITUDE 93ᵐ

| DÉSIGNATION DES POINTS | | COORDONNÉES GÉOGRAPHIQUES | | ALTITUDE (en mètres) | DISTANCES (en mètres) | | ORIGINE DES COORDONNÉES rectangulaires |
NUMÉRO ou lettre	NOM ET SIGNALEMENT	LATITUDE	LONGITUDE		à la MÉRIDIENNE	à la PERPENDICULAIRE	
Sémaphore	.... S......	22° 16' 12"6	164° 07' 18"7	93	....	....	*Sémaphore*
260	.... S......	21 40 42 5	163 26 11 6	319	— 70759	+ 65582	—
262	.... S......	21 44 30 2	163 23 06 9	88	— 76022	+ 58534	—
263	.... S......	....	....	577	— 72994	+ 68320	—
280	.... S......	....	....	47	— 75790	+ 61174	—
281	.... S......	....	....	89	— 78787	+ 60964	—
282	.... S......	....	....	186	— 81613	+ 65367	—
283	.... S......	....	....	86	— 84575	+ 61666	—
284	.... S......	....	....	297	— 85542	+ 68355	—
285	.... S......	....	....	342	— 88616	+ 68167	—
286	.... S......	....	....	280	— 90352	+ 67242	—
301	.... S......	....	....	294	— 82488	+ 69186	—
302	.... S......	....	....	190	— 77723	+ 64491	—
303	.... S......	....	....	256	— 85150	+ 64823	—
304	.... S......	....	....	427	— 79651	+ 73095	—
305	.... S......	....	....	499	— 83452	+ 75320	—
306	.... S......	....	....	856	— 80113	+ 79679	—
307	.... S......	....	....	1001	— 69383	+ 78309	—
308	.... S......	....	....	688	— 69799	+ 72813	—
309	.... S......	....	....	430	— 68376	+ 66821	—

BIBLIOTHÈQUE NATIONALE — R.F. — IMPRIMÉS.

www.ingramcontent.com/pod-product-compliance
Lightning Source LLC
Chambersburg PA
CBHW061623050726
47595CB00007B/3043